Henning von Gierke

›Mein lieber Schwan‹
Motive und Wege zu Wagner

Richard-Wagner-Museum
Haus Wahnfried, Bayreuth

2006

Henning von Gierke

mein lieber Schwan

Motive und Wege zu Wagner

Richard-Wagner-Museum
Haus Wahnfried
Bayreuth

Herausgegeben von Jürgen Walter Müller

Verlag für moderne Kunst Nürnberg

Inhalt

Das Buch ›Mein lieber Schwan‹ entstand zu der
gleichnamigen Ausstellung im Richard-Wagner-
Museum Bayreuth Sommer bis Herbst 2006.

1990 erwarb der Sammler Karl Gerhard Schmidt
zirka 60 Ölbilder, Zeichnungen und Entwürfe,
die zu ›Lohengrin‹ bei den Bayreuther Festspielen
1987 entstanden waren.
Durch eine Schenkung an das Richard-Wagner-
Museum sind diese jetzt der Öffentlichkeit
zugänglich. Diese Schenkung war Anlass zu einer
Werkschau der von Henning von Gierke realisier-
ten sieben Wagner-Opern.

Danksagung

Mein besonderer Dank gilt dem Hauptsponsor
Hauck und Aufhäuser Privatbankiers,
Mont Blanc Deutschland,
Dr. Klaus Zumwinkel, Deutsche Post AG, und dem
Verlag für moderne Kunst Nürnberg.

Ihr Engagement ermöglichte Ausstellung und Katalog.
Das Konzept dieser Werkschau und der Publikation
entstand zusammen mit Jürgen Walter Müller,
Künstler und Herausgeber des Katalogs.
Aufbauende und Konstruktive Gespräche mit
Horst Konietzny, Sven Friedrich und Isabella Berr
fügten über Monate die zahlreichen Facetten,
die jetzt vorliegen.

Ich male, seit ich denken kann.
Irgendwann fing ich an, Bilder, die mir
gefielen, zu nummerieren. Jetzt bin
ich bei der Zahl 1233 angelangt, ohne
die Entwürfe zu Film, Theater und
Oper mitzuzählen. In diesem
Bildertaumel tauchen immer wieder
gleiche Themen auf. Ich versuche
sie zu ordnen, versuche die Motive
meiner Bildideen freizulegen.

Motive

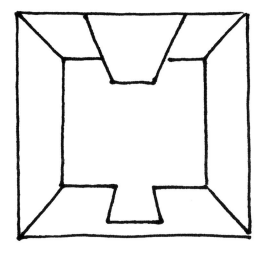

Zehn Motiv-Bilder
Öl auf Holz, 40 × 40 cm, 2006

Horizont. Wie eine Grenze der
Strand und das Meer.
Dahinter Luft. Bis hierhin kann
ich gehen, und ab hier kann
ich schauen.
Hier standen Menschen seit
Anbeginn – eine innere Grenze.

Der innere Ausweg. Spaziergang
am Morgen in den Bergen Japans.
Vorfrühling, ein leerer Park.
Vor mir Wege, denen ich nicht
folgen kann, Spuren, die ich nicht
verstehe. Suche Wege in den
eigenen Kreis. Drehe mich um mich
selbst, bis zum Stillstehen.

Ein großer Baum. Irgendwo im
Süden eine Flussmündung,
eine Stadt am Meer. Ein Platz
mit weitem Blick, beschützt von
einem Baum. Mit Ästen, die
in die Luft greifen, und Wurzeln
genauso im Boden.
Als hielte er oben und unten
zusammen. Wie eine Erinnerung –
ein großer Baum.

Wasser und Licht.
Im Näherkommen öffnen die
Details ihre Räume.
Was klar ich benenne, wird
komplex, fragtal, unendlich.
Scheinbare Klarheit
verschwimmt. Unfassbar wie
Wasser und Licht.

Täglicher Traum. Jede Nacht reise ich.
Ich suche, finde, erobere, verliere,
siege und versage. Oft verletze ich mich,
quäle und sehe Qualen, wiederhole
Niederlagen und Triumphe –
rücksichtslos diktiert mein Geist Last
und Lust, Wonnen und Wunden.
Ein Traum befreit und erleichtert, hilft
und heilt; ein anderer reißt auf,
verunsichert und verletzt. Morgens ist
es der nächtliche Traum.

Reisebild. Wasser, Berge und Land,
dahinter wieder Wasser und Berge.
Jeder Hügel verlockt, dahinter einen
weiteren Blick zu suchen.
Vor mir versinkt das Land im Meer,
steigt wieder neu und unberührt
aus dem Wasser. Erde wird zu Wasser
und Meer zu Land, so als erzähle
der Blick eine logische, gesetzmäßige
Abfolge. Ein Reisebild.

Ein weiter Raum, ein sicherer Ort
und von da aus ein offener Blick –
gesichertes Sein. Innen die
Gewissheit und die Sicherheit
festgefügter Konstanz – draußen
vor der Tür alle Möglichkeiten.
Tägliches, grenzenloses Suchen
im weiten Raum.

Gesichtslandschaft. Ein Gesicht, ein
Spiegel. Immer neue Ausformung
und Abbild von Denken, Fühlen und
Suchen. Jedes Tal und jeder Hügel
Chiffre und Rätsel, vertraut und doch
nicht zu greifen. Wie ein Gebet,
ein Mantra, versuche ich jedes Detail,
jede Falte, jeden Schatten ernst zu
nehmen, zu bannen. Manchmal scheine
ich ganz nah. Wie eine Hand,
die nach einem Spiegelbild greift.

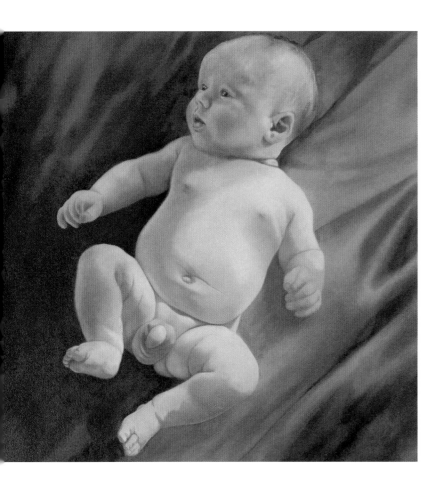

Neugeboren. Ein Kind liegt vor mir.
Sich selbst wieder gebären.
Anbetung des Kindes, sich selbst
schöpfen. Anfang und Endlichkeit.
Welches Leben habe ich
voller Angst in meinen Händen.

Umkehr. Soweit ich sehen kann,
Wasser und Land. Die Sonne
ist untergegangen, und oben und
unten ist gleich.
Ein anderes Land im Dunst, die
Ferne ganz nah. Umkehr.

Transparenz durch assoziative Unschärfe
Hans-Peter Dürr

Um einen Heuschnupfen zu kurieren, war der 24-jäh-rige Physiker Werner Heisenberg im Juni 1925 mit verschwollenem Gesicht von Göttingen nach Helgoland geflüchtet. Vielleicht war es nicht nur der Blütenstaub, der sein Wohlbefinden störte, sondern waren es diese eigentümlichen, paradox erscheinenden neuerlichen Befunde über die Beschaffenheit der Atome, Befunde, die er mit so großem Eifer und Geduld zu entschlüs-seln versuchte und die sich so hartnäckig einer physi-kalischen Deutung nach dem herkömmlichen, so erfolgreichen Muster widersetzten. Und diese Panne sollte gerade in der Physik passieren.

Die Physik war im vorangegangen 19. Jahrhundert durch die Schlüssigkeit ihrer Aussagen und die Exakt-heit ihrer Prognosen über Prozessabläufe zum großen Vorbild aller Naturwissenschaften aufgestiegen. Mehr noch: Sie hatte glaubhaft die Vorstellung genährt, auf dem durch sie eingeschlagenen Wege eines Tages die Welt ganz verstehen zu können und sie damit auch, zugunsten der Menschheit, letztlich in den Griff zu bekommen.

Aber Heisenberg war auch ein philosophischer Geist und ein Musiker dazu, der gewohnt war, eine Partitur nicht als eisernes Korsett zu betrachten, das streng eine eindeutige Interpretation verlangt. Er betrachtete sie vielmehr als eine Aufforderung zu einem Spiel, das zu vielfältig unterschiedlichen Ausdrucksformen einlädt, um unter den jeweils gegebenen Umständen zum Schwingen zu bringen, was eigentlich an Spannung, Bewegung und Wandel, Empfindung und Lebendigkeit hinter jedem Kunstwerk als Ganzem potentiell und deshalb notwendig nur verborgen und

verschwommen angelegt ist. Heisenberg war auch ein begeisterter Bergsteiger, für den eine unlösbar erschei-nende Aufgabe die magische Anziehungskraft eines Berggipfels im Lichte der aufgehenden Sonne hatte, der bezwungen werden wollte. Es war dabei nicht der Triumph des Sieges, der ihn lockte, sondern die geschickte Auswahl des Pfades für den besten Aufstieg, um, einerseits, möglichen Gefahren auszuweichen und immer wieder Ausblicke zur jeweiligen Neuorientierung zu gewährleisten, doch, andererseits, selbstbewusst auch ganz neue, bisher noch unbetretene Wege zu wagen. So war auch in den wenigen Tagen auf Helgo-land nicht nur der mathematisch versierte Physiker am Werk, sondern auch der junge Bursche, der in den Felsen der Insel herumkletterte und dabei auch noch Gedichte aus Goethes Westöstlichem Diwan auswendig zu lernen versuchte.

Obgleich ihm selbst alles unklar erschien, so regte sich im Hintergrund eine zuversichtliche, aufmunternde Ahnung, wie er die Widersprüche seines Problems ge-wissermaßen durch ein mathematisches Spiel formal auflösen konnte. Der Gipfel wurde bezwungen, aber die Deutung des Weges blieb zunächst noch unver-ständlich. Der Preis seiner Erkenntnis war hoch: Die Physik entglitt der greifenden Hand. Objekte lösten sich auf, widersetzten sich dem bestimmten harten Zugriff. Doch die Beziehung zwischen den Objekten gewann dominante Bedeutung. Eine tief eingeprägte Unbestimmtheit drängte sich auf. Aber sie war keine Unbestimmtheit im herkömmlichen Sinne eines Mangels an Bestimmtheit oder Schärfe, die Ignoranz oder ein Noch-nicht-Wissen widerspiegelt. Sie war

Ausdruck eines prinzipiell nicht zerlegbaren Ganzen, in dem kein Teil vom anderen streng isoliert werden kann. Und weiter im zeitlichen Kontext: Sie war Ausdruck einer fundamental angelegten Offenheit des Zukünftigen, einer genuinen Kreativität, die Wirklichkeit nicht mehr als dingliche Realität deuten lässt, sondern mehr als einen unbegreiflichen lebendigen Kosmos.

Und wie, in welcher Sprache soll der Physiker einem Außenstehenden erklären, wie er zu seinen Einsichten gekommen ist? Er sieht sich auf einmal in der Lage eines Malers, der den Werdegang seiner künstlerischen Wertschöpfung anderen ›erklären‹ oder wenigstens nahe bringen will. Und es geschieht letztlich von selbst im Prozess seines gelungenen Tuns. Das scheint unendlich schwer, aber es ist nicht unmöglich. Im Gegensatz zu einem Physiker, der sich mit abstrakten und für die meisten Menschen unverständlichen mathematischen Algorithmen ausdrücken muss, steht dem Maler doch das ›Bild‹ als möglicher Zugang für die nur erahnte Welt zur Verfügung. Seit Urzeiten sind Bilder dem Menschen als elementare Erfahrung begrifflich, aber auch symbolisch unmittelbar verständlich. Das Bild ist dabei die sanftere, eine das Lebendige nicht gefährdende Sprache, da ihm der ›Würgegriff‹ der rationalen ›Begriffe‹ fehlt, die zum höchsten Prinzip erhoben werden, wo Exaktheit zählt. Exaktheit verlangt präzise Isolierung, die geschlossene Hand, die notwendig zur Trennung führt und deshalb gerade den Zusammenhang, in dem alles mit allem steht, opfert. Damit verliert sie auch den Kontext, der für die Bewertung von Relevanz und Sinnhaftigkeit wesentlich ist.

Assoziative Gestaltung erlaubt Kommunikation, ohne dabei den sonstigen Zusammenhang opfern zu müssen. Sie fordert zu vielfältiger, flexibler Aufmerksamkeit heraus: eine zeitweise Fokussierung auf Details mit immer ausgefranstem Blickfeld, die nicht zerschneidet, sondern nur artikuliert, unterschiedlich betont. Die Betrachtung gleicht mehr geöffneten Händen, die nicht greifen, sondern in sensiblen Bewegungen die Wechselbeziehungen zu berühren und abzutasten versuchen und auf diese Weise die eigene Inspiration zum Entwurf vieler Zwischenbilder animieren. Aber wie frei ist ein Musiktheater gestaltender Maler in seinem kreativen Tun? Werden hier nicht äußere Bedingungen an ihn gestellt, die ihn einengen? Sein Werk kann nicht gelingen durch Präzisierung einer Aussage, weil eine starr vermittelte Vorstellung an der unterschiedlichen Sensibilität der Involvierten zerbröckeln und wie Sand aus den vielen greifenden Händen rieseln würde. Es ist die große Spannweite des schöpferischen Horizonts des Künstlers, die sich in der Vielfalt seiner Ausdrucksformen spiegelt. Sie ist die Gewähr dafür, dass sie die Phantasie der kreativ Beteiligten einfangen kann und durch den mitwirkenden Beitrag aller die komplexe Kommunikation zu einer durch Überlagerung gesteigerten Kommunion führt.

Genau so wie die ›unbestimmte‹ Erklärung in der Physik erst den Blick auf eine klarere und durchsichtigere Gesamtsicht öffnet.

Fundstellen

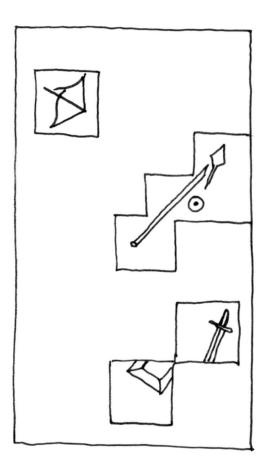

Sieben Fundstellen
Lehm, Holz, Metall, Kunststoffe, Glas, 100 x 100 x 25 cm, 2006

Jede Tonfolge, jedes Wort
und jede Figur lässt
unvermutete verschüttete
Archetypen anklingen.
Wie auf einer Tonleiter
steige ich tiefer, finde Motive,
spüre Schwert, Schoß,
Drache, Mutter und Wald
unter meiner Haut.
Je tiefer ich grabe, desto
komplexer und klarer liegt
unser kollektives Gedächtnis
vor mir. Mnemosyne.

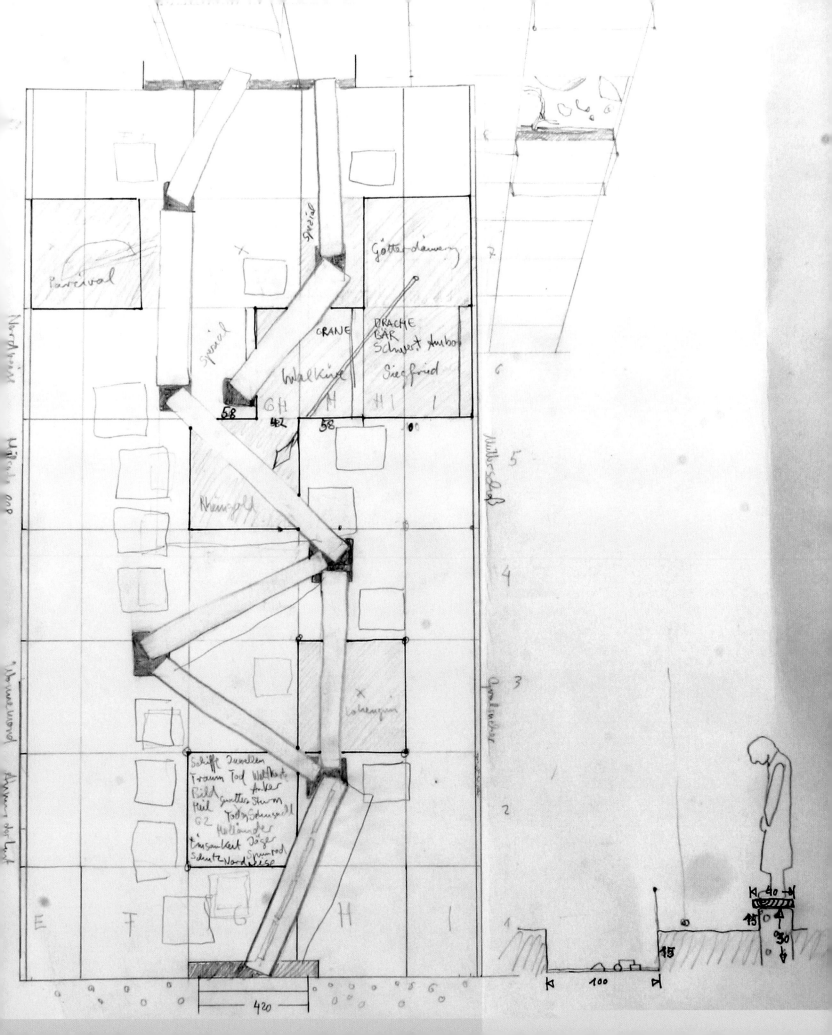

das innere Traum-
Bild

Jagerglück

Todes
sehnsucht

Irrfahrt

Liebeswerben

Entschluss
hoffnung

der Preis

überdruß

Sehnsucht

das stumme
Erkennen

Vernichtungs
Seligkeit

das Meer

Erlösung

innere
Wissen

Lohengrin

Zauberwald

das Wunder

Brudermord

der gottgesandte Mann

der arme Bruder

Frageverbot

Schuld

die Schelde

der süße Schlaf

mein lieber Schwan

der König

Ehrverletzung

Kampfring

die entweihten Götter

Gottesgericht

Der Ring des Nibelungen

Erlösung

der Rhein

der Götter Ende

Speer eid

Sterborn   Trauung

zwei Raben   das gebrochene seil   Schmeldahssul

Tagbezug   der gefohlene Ring

Speer eid

Bluts Brüderschaft

gebiedungen Halle   Albtraum

das zerrissene Seil   Speer eid

Traute des Vergessen

Frickas Widder Wagen   derolte Sturm   der freie Wille   Wotans Zorn

des zerschmetterte Speer   Rheinfahrt   Liebes Bund   Wissenswette

das zerschmetterte Schwert

Reise der Helden

Notung   das verheißene Schwert   Urmutter   Feuer zauber   Schlaf   Feuer zauber   Wabe-Lohe

Wald vögelein   Nacht dunkel

Natur weben   der Drache

das selbstgeschmiedete Schwert   Neidhöhle

die Furchtlose   Drachen Blut

Ruhmer zauber   die toten Helden   Grane   Grane

Wonne mond   Wehwalt   das gerüstete Mahl   Jugend kraft des zerbrochene   Tarnhelm

Ambos

geschwister Liebe   Wunschmaid   Schmiede Hammer

Hundings Hütte

der Rhein   Wurm   Kröte

Frickas Äpfel   Vertrags treue   Ruhmen zauber

Rhein töchter sang   die Götter Burg   Goldherrschaft   der Eschen Speer

Regen bogen   der die Angst

Natur weben

Donner   das rote Gold   Nibelheim   Natur weben

Maß

Entsagung   Fluch

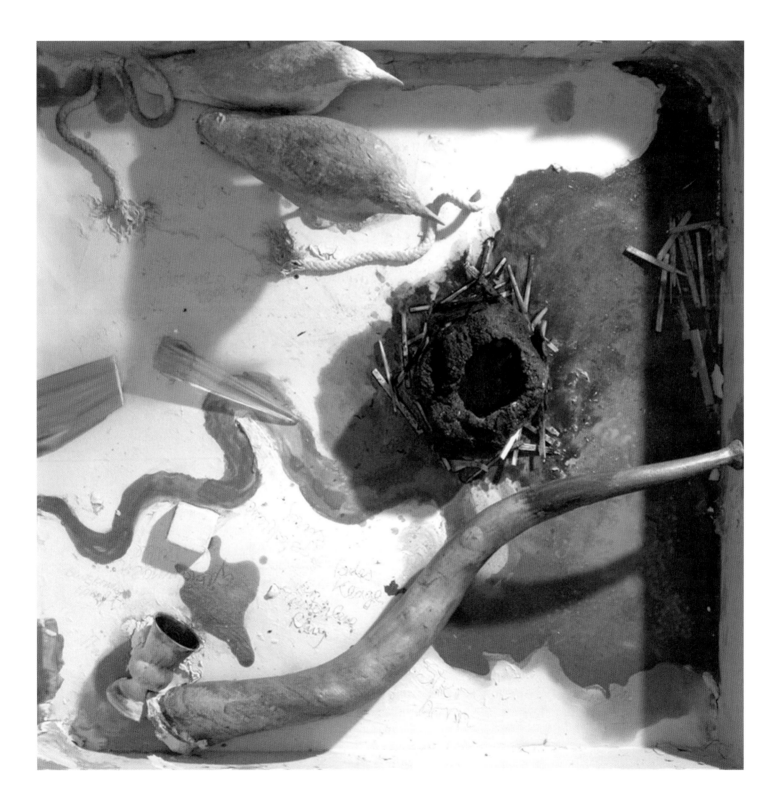

Parsifal

der getroffene
Schwan

der
Glaube

heilige
See

Bogen

Erlösung u.
Erlöser

der hl.
Gral

der
Kuß

Taube

die
Wunde

das unschuldige
Kind

Entsühnung

der heilige Speer

der verschwundene
Vater

das zerbrochene

der
Mutter
Schloß

Mutter

Balsam

viole

Blumen

Suche

der gefallene
Ritter

Zauberschloß

Zauberweib

Schiffer und Künstler
Sven Friedrich

Erwachend zuckt ein wirres Traumbild noch
Durch den im Schlafe fortgeschweiften Geist.
Heraufgeschleudert aus dem Meeresgrund
Der Wünsche, Sehnsucht und der Angst,
Bleibt ein Relikt aus einer fremden Welt,
Die sonst dem wachen Sinn verschlossen ist,
Und zittert fremd in der Erinnerung nach.

Doch der Steuermann
Sammelt die Kräfte,
Zwingt das Schiff auf Kurs.
Sanft taucht der Kiel
In die sich dehnende Fläche,
Wo nur glitzernde Wellen
Spielerisch neckend
Am Bug sich brechen.
Doch der Schiffer ahnt
Und fürchtet des Ozeans Abgrund.
Wo unter der sanften Wogen blauklarer Frische
In schwärzeste Dunkelheit eine Nacht
Unnennbarer Tiefen fällt.

Eintauchen, bis auf den Grund.
Graben, selbst da:
Tief in die Schächte steigt
Der schaffende Künstler,
Dorthin, wo alle Fragen sich finden.
Nicht im Wort aber kleiden sich diese,
Sondern in Töne und Bilder,
Die allen Menschen vertraut.
Denn gleich, wo auf der Fläche des Erdballs
Hinab in die Tiefe sie sinken,
Finden sie alle sich dort,
Am Kern ihres gemeinsamen Seins.
Hier in der Mitte wurzelt das Ich,
Aus der sein Stamm sich mächtig erhebt,
Auf dem von starken Ästen getragen
Die prachtvolle Krone des Geistes
Einer lichten Sonne entgegen sich reckt.
Nicht minder groß und verzweigt aber,
Nur unsichtbar unterirdisch verborgen,
Spiegelt der sichtbare Baum seine Krone
Im Labyrinth seines Wurzelwerkes Geäst.

Des Schiffers Verstand ist hell und erfahren,
Er deutet die Zeichen von Wolken und Wind
Und steuert nach Sonnen- und Sternengebot.
Es hat Instrumente der Navigator zur Hand,
Wo Augen und Sinn dem Bilde nicht trau'n.
Er weiß um die Regeln und zeichnet die Karte,
Berechnet gewiss seinen Kurs und das Ziel.
Die See ist ihm Abbild mit Küsten und Engen,
Nichts aber weiß er vom Abgrund der Tiefe,
Von Klippen und Klüften, von Schluchten und Riffen
Des in einsamer Tiefe verborg'nen Gebirgs,
Schifft er doch leicht über sie hinweg.

Die Wesen und Formen der Tiefe,
Mythos und Dämon, Legende und Mär,
Sie folgen nicht Lot und Sextant.
Geheimen Wissens muntre Willkür
Verschmilzt dort Bilder und Töne zu Sinn.

Von diesen spricht raunend und singend der Dichter,
Mit seinen Gestalten entpuppt sie der Maler,
Wie der Bildhauer seinem marmornen Stein
Die bereits in ihm verborgene Skulptur nur entlockt.
Das Unsagbare wird zum Begriff,
Das Fremde eigen und das Eigene fremd.
»Aus unsrem schweigenden Innern«
Wirft eine singend-tönende Dichtung
Ein »Spiegelbild der Welt« uns zurück. [1]

Fern des Schiffers vernünftigen Zielen und Zweck
Ist Archäologe der Künstler, der gräbt und der schürft,
Um des tiefen Grundes Schichten zu heben,
Im Geheimen verborg'ne Relikte freizulegen,
Zu bergen der Menschen ureigensten Schatz,
Den vedische Weisheit fasst in dem Satz,
Der Einem wie Allen ruft zu:
»Tat twam asi!« –
»Denn dieses alles bist Du!«

[1] Richard Wagner: Brief an Heinrich von Stein,
Sämtliche Schriften und Dichtungen, Bd. 10, S. 319.

Richard Wagners musikalische
Erzählungen berühren mich.
Sie reagieren mit meinen
inneren Bildern. Aus meinem
Fundus, aus dem, was ich
selbst erlebt und in Bilder ge-
fasst habe, gestaltet sich
meine Form, mein Gestaltungs-
konzept. Aus dem Geflecht
der Möglichkeiten löst sich ein
Strang, der mir zu einer
inneren Logik verhilft.
Diese beantwortet, warum die
erste Szene kühl, blau, ver-
regnet, die Frisuren des Chores
privat und individuell, das
Kleid Kundrys rot und Elsas
Mantel eisfarben sein muss.

Konzepte

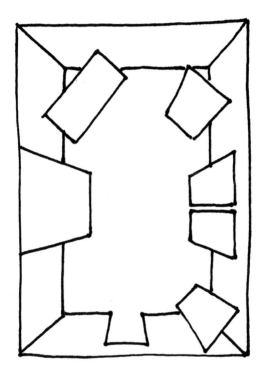

Sieben Konzepttische
Modelle, Entwürfe, verschiedene Materialien,
210 x 110cm, 1987–2003

 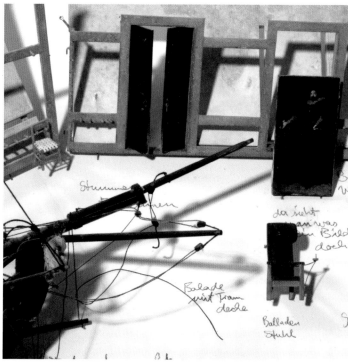

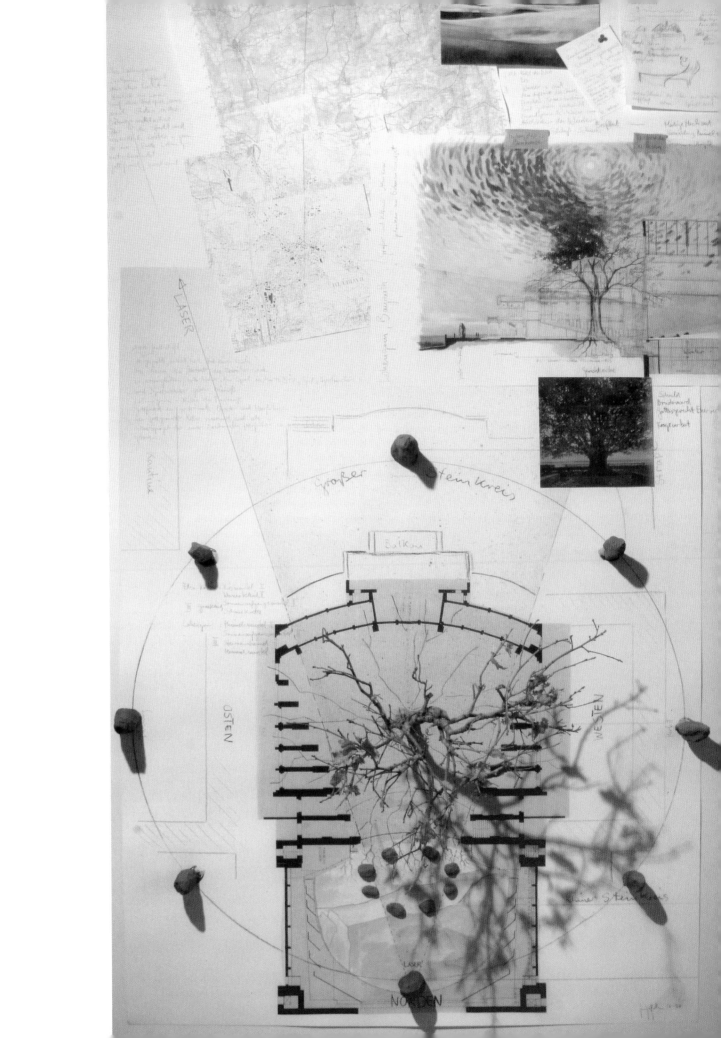

Konzept Ring
mit Isao Takashima

Konzept Parsifal
mit Isao Takashima

Wenn 120 Orchestermusiker
ausgeschlafen und präsent
sind, ein Chor mit 80 Männern
und 80 Frauen sich ein
Leben lang auf diesen Augenblick vorbereitet hat, 3 oder
auch 10 Solisten disponiert sind,
30 Beleuchter das Licht,
5 Tontechniker den Ton, eine
Vielzahl an Garderobieren,
Friseuren und Maskenbildnern
und eine Kostümwerkstatt
jedes Hemd und jeden Schuh
gestaltet haben, wenn dann
auch noch 40 Bühnenarbeiter,
5 Inspizienten unsichtbar
alles auf den Punkt gebracht
haben und ein Regisseur weise
und sinngebend dies alles
mit dem Dirigenten, Bühnenbild
und dem Kostüm begleitet
und geformt hat:
Wenn diese 350 Menschen im
richtigen Augenblick das
Richtige tun und das Publikum
dieses auch noch bemerkt,
stille hält, nicht hustet und
mitatmet – dann kann das
Wunder Opernglück entstehen –
ein Augenblick, der
unendlich lange anhält.

Materialien

Der fliegende Holländer.

Nordlichtbuch =   157

Annie Schlemm = Mary

Gerisan

Res ⟨324⟩   = Steuermann

Statisten: Mädchen 3, 14

        Holländer (für Traum, Sprung)

        Senta   "   "

        Daland   für Traum

Requisiten: 2 Pfeifchen, Gold oder + Stein

       1 D Siegel zum Nähen, Flax

            Nähzeug für 10

       5 Handspindeln, Fäden in gold

       Fässchen, Gläser

       25 Körbe (Flachs) gelbe Äpfel

       gelbe Brote (?)

       3 Planken auf (D) Schiff

       10 Segel zu flicken

       20 Laternen, 4 Positionslampen gelb

       10 Batt.

       Besen Schaufel

       Wagen

Zweiter Aufzug
Introduktion

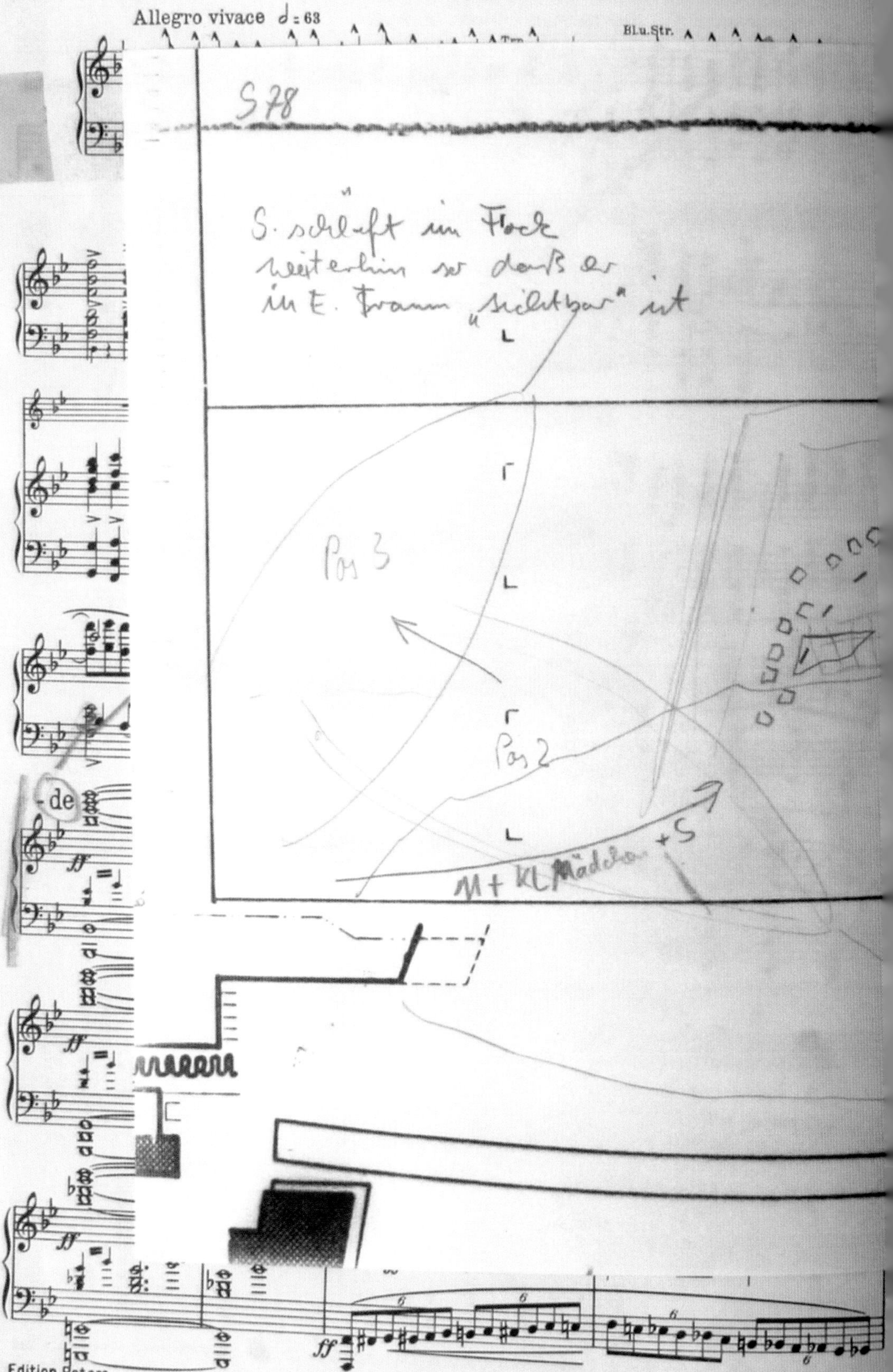

Allegro vivace $\quad \downarrow = 63$

Trp. Blu.Str.

S 78

S. schläft im Flock
weiterhin so daß er
in E. Traum „sichtbar" ist

Pos 3

Pos 2

M + kl. Mädchen + S

-de

ff

ff

ff

ff

Edition Peters

9810

4a

Lichtwechsel, S 74 - 78 oben
aus dem Regen fällt ein goldenes
Viereck in das Zentrum der Bühne
"Flachslicht", Wasserreflexe im Raum
Zug der Mädchen langsam
und erwachend ab S. 76 von
links und rechts.
Stube ist aufgebaut, jedes geht
wie jeden Tag auf ihren
Platz

Pos 4

Matrosen
+ D + S

Brücke = OL 701

10 Spinnen
5 Flachs
5 Segel

Traumdecke auf Marys Stuhl

Mädchen bringen: Flachs, 1 D. Segel zum
suchen. Licht im Sommerlicht der Flocken
Kl. Mädchen Handspindel, Fäden

M. Handspindel

die Kraft und den Mut, beg...

Pos 4 Gesten, durch unterstützendes Mitmachen,
spiegeln der Handlung

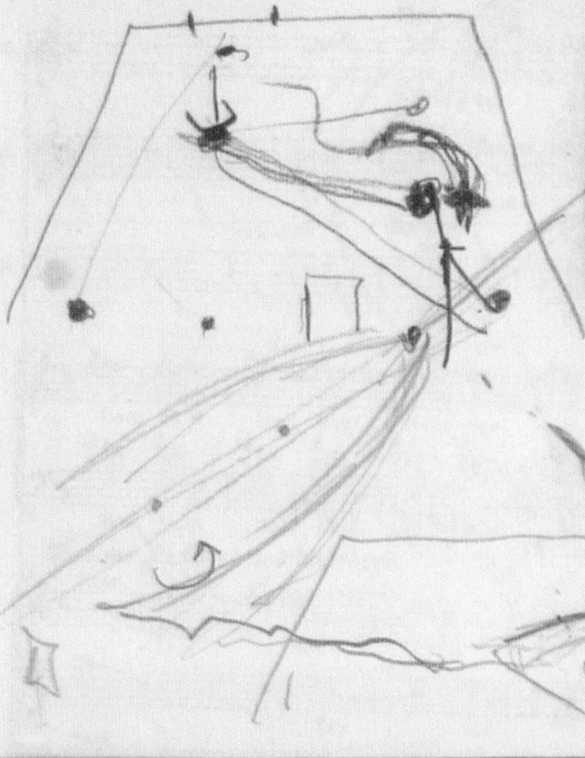

Steuermann
deckt
den
wechsel

Sprung
brück

Licht

Chor zu Paaren geordnet
Hand in Hand

sie stürzt sich in das Meer;

bot! _____ Hier steh ich, treu _ dir bis zum Tod!

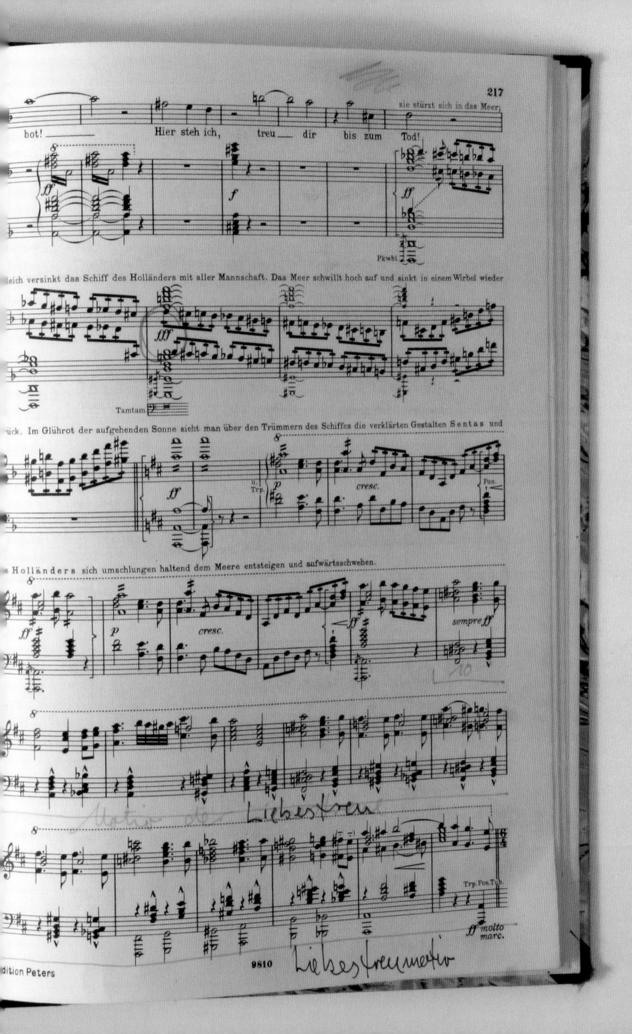

...eich versinkt das Schiff des Holländers mit aller Mannschaft. Das Meer schwillt hoch auf und sinkt in einem Wirbel wieder

...ück. Im Glührot der aufgehenden Sonne sieht man über den Trümmern des Schiffes die verklärten Gestalten Sentas und

...s Holländers sich umschlungen haltend dem Meere entsteigen und aufwärtsschweben.

9810

Der fliegende Holländer, Kostüme
Franz Blumauer

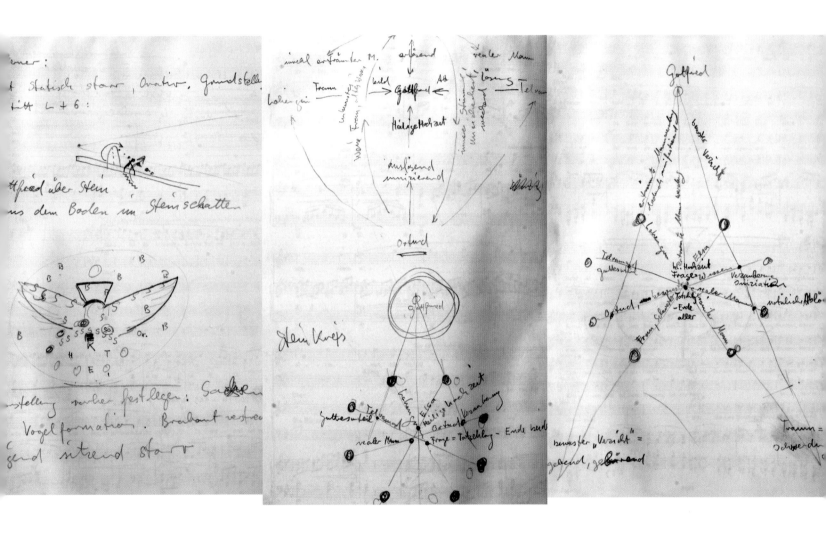

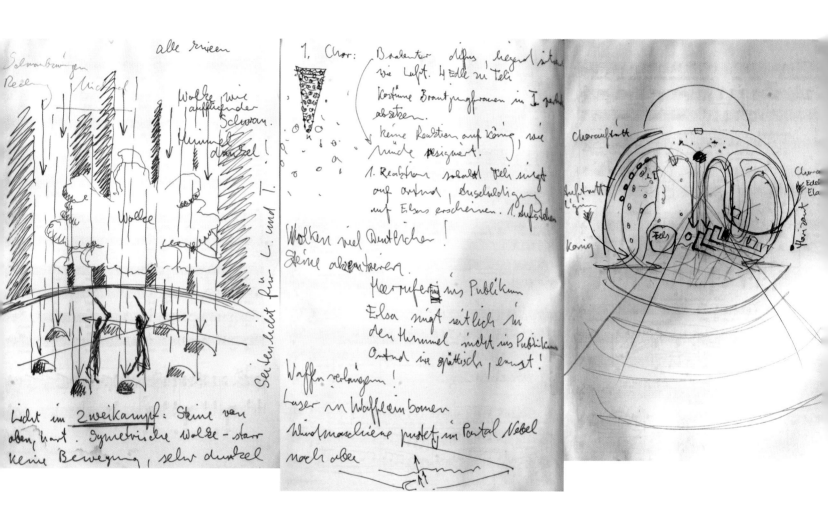

alle knien

Schwanbewegung
Reden
Michael

Wolke wie
aufstiegender
Schwan.

Himmel
dunkel!

Wolke

Seitenlicht für L. und T.

Licht im Zweikampf: Steine von
oben, hart. Symmetrische Wolke - starr
keine Bewegung, sehr dunkel

1. Chor: Brabanter offen, liegend steht
wie Luft. 4 Edle zu Teli
Kostüme Brautjungfrauen in I. probehalt.
absetzen.
keine Reaktion auf König, wie
müde resigniert.
1. Reaktion sobald Teli singt
auf Ortrud, Entschuldigung
auf Elsas erscheinen. 1. Aufstehen

Wolken viel Deutlicher!
Steine akzentuieren.

Heerrufer ins Publikum
Elsa singt seitlich in
den Himmel nicht ins Publikum
Ortrud wie spöttisch, ernst!

Waffen verlangen!
Laser in Waffeln einbauen
Windmaschine pustet im Portal Nebel
noch aber

Choraufritt
Auftritt
König
Fels
Chor
Edel
Elsa
Herzzeit

Thunke:!

Bild der Tiere

Eislandschaft immer heller - - - - -

Wölfe erheben sich und
erstarren mit Telramunds Tod

Lichtwechsel langsam, immer
kälter, bleierner Himmel
Ruhebett links hinten
Sterne erlöschen, Erstarrung
Gras wie verwelkt.

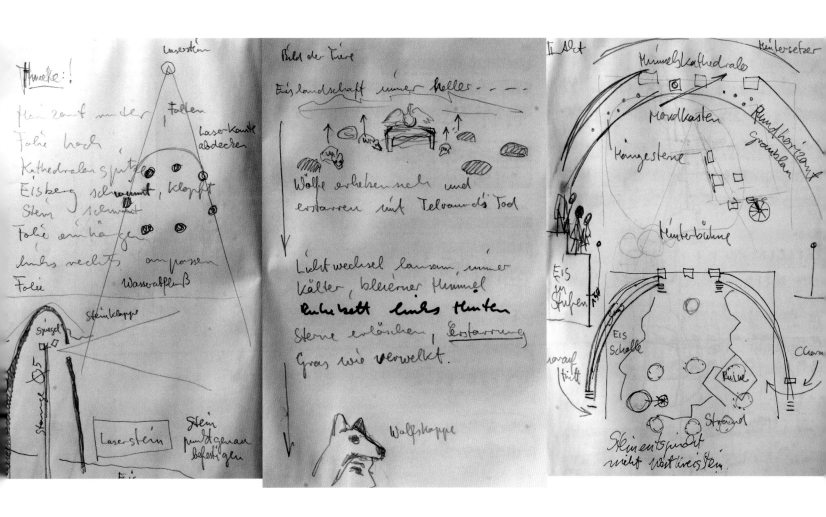

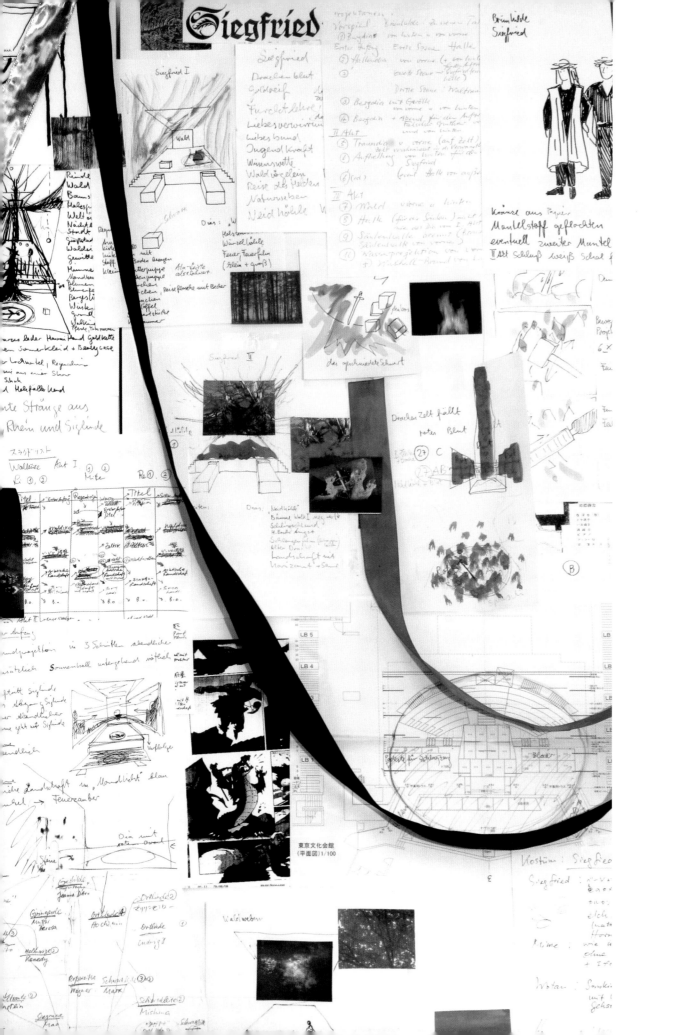

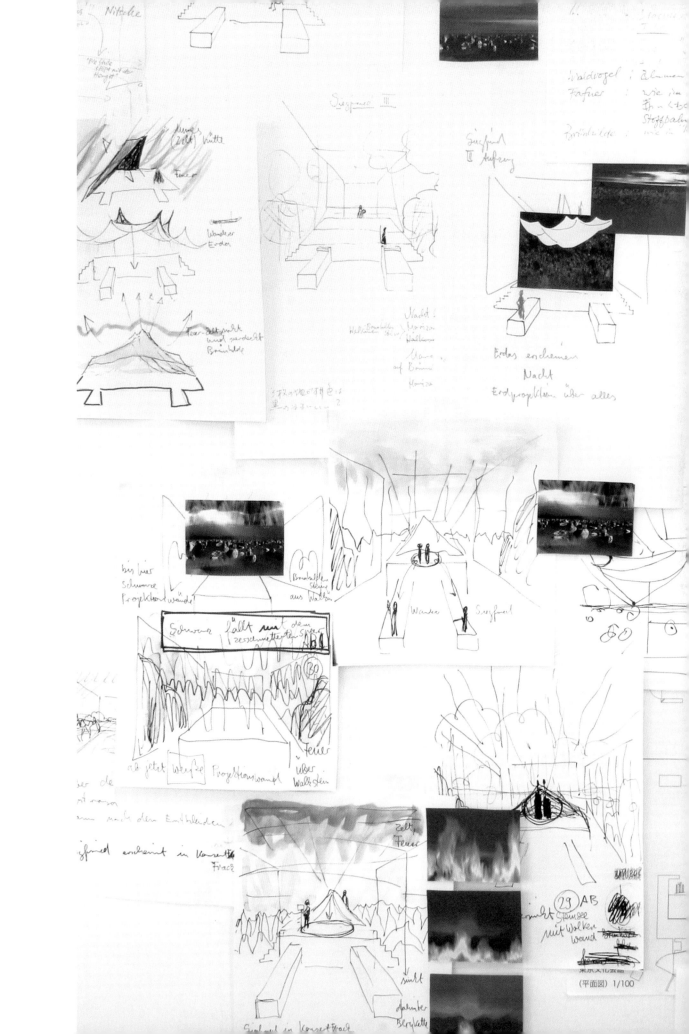

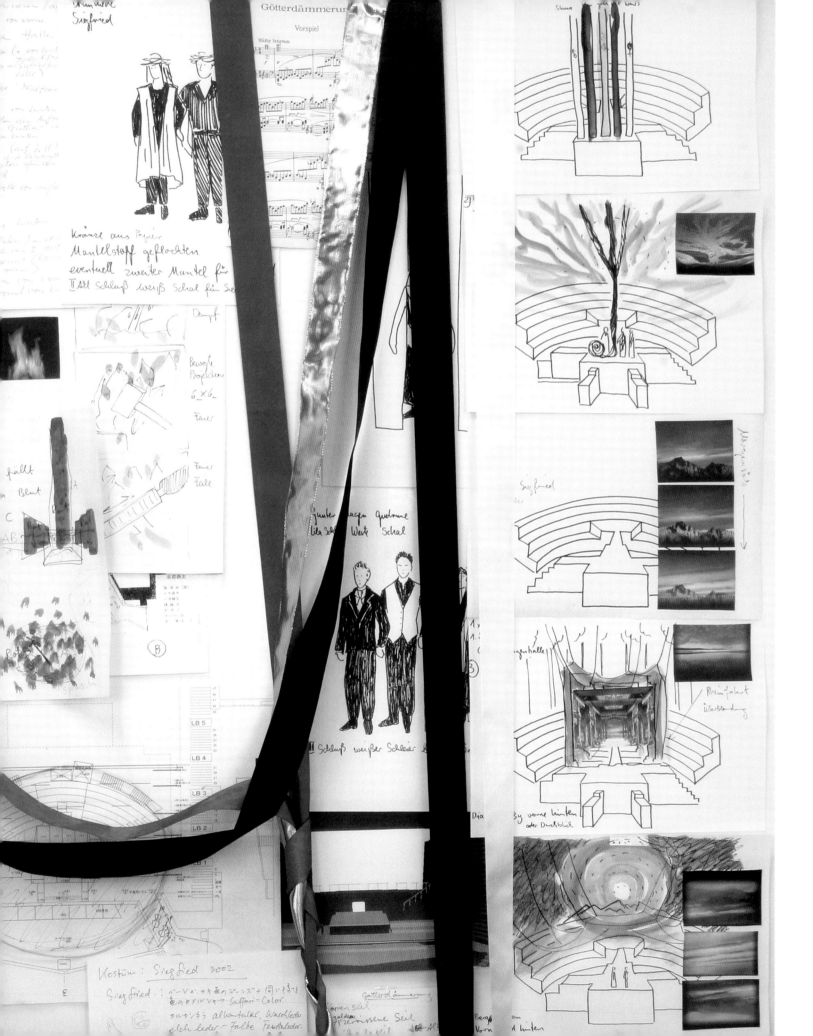

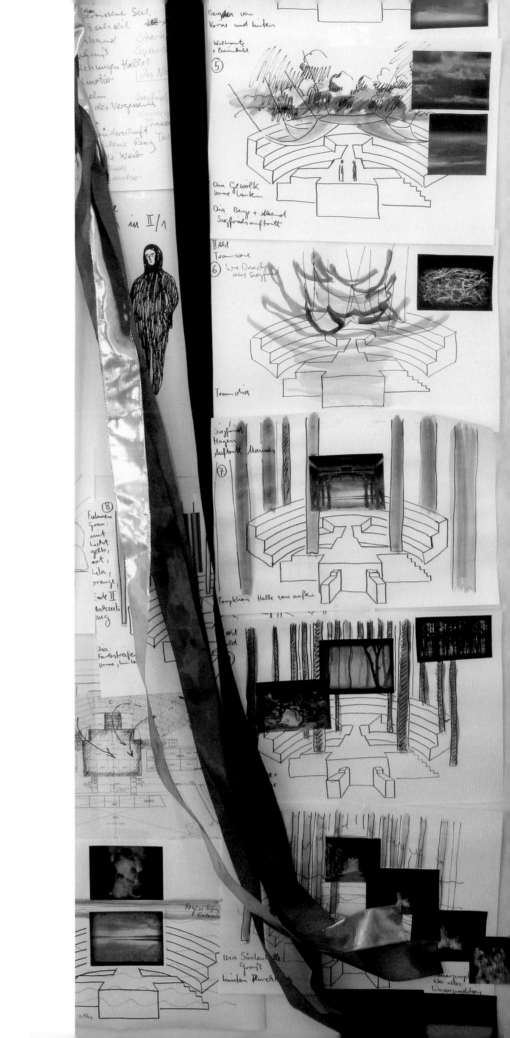

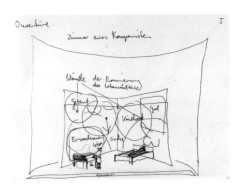

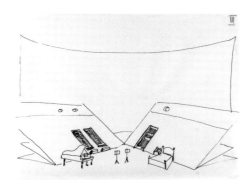
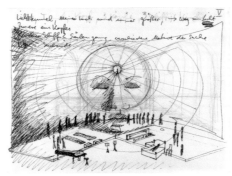

Verwandlung →

Verwandlung + Halle

„Enthüllet den Gral."

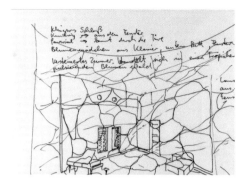

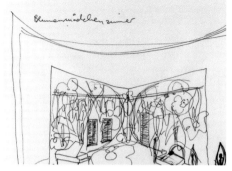

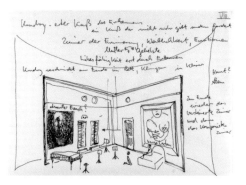

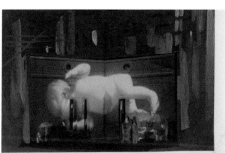

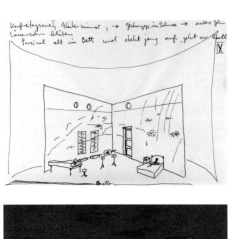

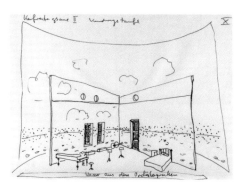

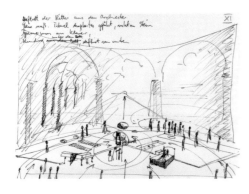

Verwandlung →

„Zum letzten Mal ..."

„Erlösung dem Erlöser"

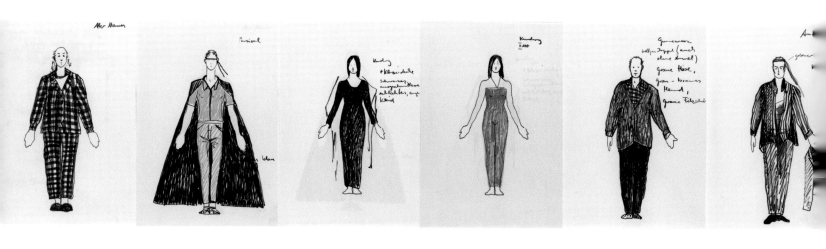

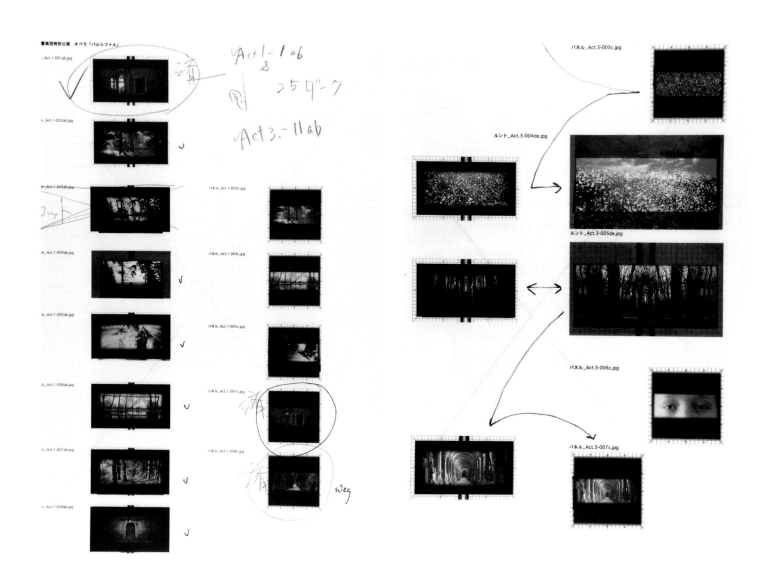

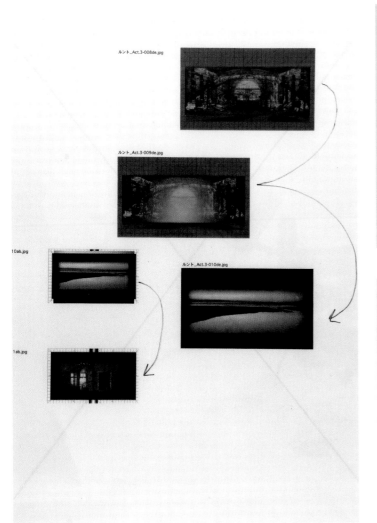

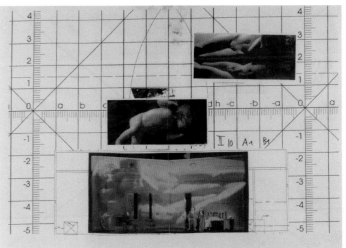

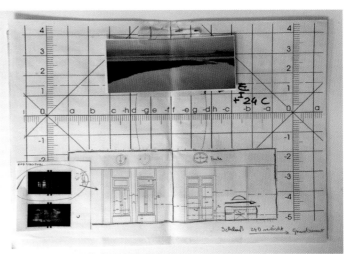

Henning von Gierke

Geboren 1947 in Karlsruhe,
lebt und arbeitet in München und Ried.

Ausstellungen

1968	München, Foyer des Off-Off Theaters
1971	Wiesbaden, Plattenhaus Langgasse
1972	Aachen, Foyer des Grenzlandtheaters
1973	Berlin, Kleine Weltlaterne
1974	Berlin, Galerie November
	München, Galerie Tègü
1975	Wuppertal, Galerie Brauda
	Berlin, Galerie November
	Nürnberg, Galerie Voigt
1977	München, Galerie Rutzmoser
	Köln, Galerie Orangerie Reinz
	1977–2000 feste Zusammenarbeit mit der Galerie Orangerie-Reinz, Köln, Gruppenausstellungen und Messebeteiligungen in der Schweiz, in Spanien, Frankreich und den USA
1979	Köln, Galerie Orangerie-Reinz
1980	Berlin, Galerie November
1981	Washington, Galerie Radicke
	Minden, Galerie Fischer
	Hamburg, Galerie Levy
1982	München, Galerie Rutzmoser
1983	Köln, Galerie Orangerie-Reinz
1985	Düsseldorf, Galerie Vömel
1987	Köln, Galerie Orangerie-Reinz
1989	Bielefeld, Galerie Schnake
	Bayreuth, Galerie Altes Schloss
	Bayreuth, Schmidt Bank, Bühnen- und Kostümentwürfe zu ›Lohengrin‹
1990	Münster, Galerie Schnake

Musiktheater- und Filmarbeiten

1975	›Kaspar Hauser‹, Filmausstattung Bundesfilmpreis in Gold für die Ausstattung
1976	›Herz aus Glas‹, Filmausstattung
	›Strozek‹, Filmausstattung
1978	›Woyzeck‹, Filmausstattung
	›Nosferatu‹, Filmausstattung Silberner Bär, Berlinale, für die Ausstattung
1979	›Fitzgeraldo‹, Filmausstattung (bis 1981)
1984	›Dr. Faust‹ von F. Busconi, Bühne und Kostüme, Bologna, Teatro Communale
1987	›Lohengrin‹ von R. Wagner, Bühne und Kostüme, Bayreuther Festspiele
1988	›Cosmopolitan Greetings‹ von R. Liebermann, A. Ginsberg, Kostüme, Oper Hamburg (mit Bob Wilson)
	›Giovanna d'Arco‹ von G. Verdi, Inszenierung, Bühnenbild und Kostüme, Teatro Communale Bologna (mit Werner Herzog)
1990	›Der fliegende Holländer‹ von R. Wagner, Inszenierung und Bühnenbild, Staatsoper München

Ausstellungen

1991 Nürnberg, Galerie Voigt

1993 Köln, Galerie Orangerie-Reinz
Tokio, Foyer Nissai Theater

1995 München, Galerie Charlotte
München, Galerie Bernd Dürr
1996 Bayreuth, Stadtsparkasse: ›Wonnen und Wunden‹
Tokio, Galerie Shimaso

1997 Nürnberg, Galerie Voigt: ›Schlaf‹

1998 Wuppertal, Galerie Luley
Bayreuth, Galerie an der Stadtkirche
München, Galerie Bernd Dürr: ›Bilder von Bildern‹
1999 Bologna, Deutsches Kulturinstitut und Galleria
L'Ariete: ›Musik und Malerei‹

2000 Wuppertal, Galerie Luley
München, Galerie Bernd Dürr
Nürnberg, Galerie Voigt
Celle, Galerie Halbach-Meinecke
2001 Köln, Galerie Wehr
Münster, Galerie Signatur
Bayreuth, Galerie Steingräber
2002 München, Galerie Dürr

2003 Nürnberg, Galerie Voigt
2004 Celle, Galerie Halbach
Bilbao, Galerie Uranga
2005 Zürich, Kunsthalle Artefiz
Augsburg, Galerie Hassold
Bonn, Alter Bundestag
2006 Bonn, Foyer-Posttower
Bayreuth, Richard-Wagner-Museum:
›Mein lieber Schwan‹

Musiktheater- und Filmarbeiten

1992 ›Ein Sommernachtstraum‹ von W. Shakespeare,
Bühnenbild, Rio de Janeiro, Teatro J. Cajetano
– brasilianischer Beitrag zur ECO

1994 Gastprofessur an der Johannes Gutenberg Universität
Mainz, ›Freshwater‹ von Virginia Woolf,
Deutsche Erstaufführung, Kammerspiele Mainz
›Freischütz‹ von C. M. v. Weber, Bühnenbild und Konzept,
Tokio, Nissei Theater,
Nagoja und Kobe, Aichi Arts Center (mit Isao Takashima)

1997 ›Jeanne d'Arc au bûcher‹ von A. Honegger,
Visuelle Konzeption, Bühne und Kostüme,
Tokio, NHK Hall (mit Isao Takashima)
1998 ›Die Zauberflöte‹ von W. A. Mozart, Bühne und Kostüme,
Tokio, New National Theatre (mit Michael Hampe)

1999 ›Il Prigioniero‹ von Dallapiccola und ›Requiem‹ von Fauré
Visuelle Konzeption, Bühne und Kostüme,
Tokio, NHK Hall (mit Isao Takashima)
2000 ›Rheingold‹ von R. Wagner, Bühnenbild und Konzept,
Tokio, Bunka Kaikan Theater (mit Isao Takashima)

2001 ›Giovanna d'Arco‹ von G. Verdi, Genua
›Walküre‹ von R. Wagner, Bühnenbild und Konzept,
Tokio, Bunka Kaikan Theater (mit Isao Takashima)
2002 ›Sündflut‹ von Wilfried Danner, Bühne und Kostüme,
Staatstheater Karlsruhe (mit Michael Hampe)
›Siegfried‹ von R. Wagner, Bühnenbild und Konzept,
Tokio, Bunka Kaikan Theater (mit Isao Takashima)
›Parsifal‹ von R. Wagner, Konzeption, Bühne und Kostüme,
Tokio, Bunka Kaikan Theater (mit Isao Takashima)
2003 ›Götterdämmerung‹ von R. Wagner, Bühnenbild und
Konzept, Tokio, Bunka Kaikan Theater
(mit Isao Takashima)
2005 Lehrauftrag an der Philologisch-Kulturwissen-
schaftlichen Fakultät, Universität Wien

Impressum

Konzeption, Gestaltung:
Jürgen Walter Müller
Henning von Gierke

Grafikdesign:
Paul Schön, Bernhard Zölch

Umschlagbild:
Konzepttisch ›Parsifal‹

© Verlag für moderne Kunst Nürnberg, 2006
Henning von Gierke

Herstellung:
Druckerei zu Altenburg GmbH, Altenburg
Printed in Germany

Alle Rechte vorbehalten

Lehm und Ton der Ausstellung wurde von der
Töpferwerkstatt der Nymphemburger Schulen,
München, zur Verfügung gestellt.

Bibliografische Information Der Deutschen Bibliothek
Die Deutsche Bibliothek verzeichnet diese
Publikation in der Deutschen Nationalbiografie;
detaillierte bibliografische Daten sind im
Internet über http://dnb.ddb.de abrufbar.

ISBN-10: 3-938821-85-X
ISBN-13: 978-3-938821-85-5

HAUCK & AUFHÄUSER

PRIVATBANKIERS SEIT 1796

Von Henning von Gierke sind bisher erschienen:

Der innere Schlaf
423 Seiten mit 380 Farbbildungen,
Paperback, dtv, München 1999
ISBN 3-423-30737-4

Der innere Schlaf
423 Seiten mit 380 Farbbildungen,
Hardcover mit Schutzumschlag
Verlag Edtion Braus, Heidelberg 1996
ISBN 3-89466-155-0

Vorzugsausgabe:
Umschlag handbemalte Seide
ISBN 3-89466-156-9

Ilga
60 Seiten mit 30 Farbtafeln
Verlag für moderne Kunst Nürnberg 1990
ISBN 3-922531-93-8

Bühnenbild und Kostüme zu Lohengrin
Bayreuth 1987
85 Seiten mit 38 Farbtafeln
Verlag für moderne Kunst Nürnberg 1989
ISBN 3-922531-66-0

Möbel
42 Seiten mit 19 Farbtafeln
Edition Schnake, artcolor-Verlag, Münster 1988
ISBN 3-89261-309-5

Bilder von Bildern
100 Seiten mit 55 Farbtafeln
Hirmer Verlag, München 2000
ISBN 3-7774-8880-1

Weitere Informationen unter
www.henningvongierke.de